... Découvrir "Sacajawea"...

"...Statue du Sacajawea Bismark Dakota du Nord..."

L'encroyable aventure de Sacajawea est inextricablement liée à l'histoire américaine, lorsque les territoires situés au sud de la frontière canadienne et à l'est du Mexique ont été divisés entre l'Espagne, la France et finalement les nouveaux États-Unis d'Amérique.

Un Peu d'Histoire... La Nouvelle-France était une terre immense colonisé par la France en Amérique du Nord, depuis l'exploration du golfe du Saint-Laurent par **Jacques Cartier en 1534.** Vaste vice-royauté, la Nouvelle-France compte, à son apogée en 1712, cinq colonies, chacune dotée d'une administration propre: Le Canada, la colonie la plus développée, divisée en districts de Québec, Trois-Rivières et Montréal, la Baie d'Hudson, l'Acadie au nord-est, Terre-Neuve (Plaisance) sur l'île de Terre-Neuve et la Louisiane, qui s'étend de Terre-Neuve aux Prairies canadiennes et de la Baie d'Hudson au golfe du Mexique, y compris tous les Grands Lacs d'Amérique du Nord. **En 1713,** par **"le traité d'Utrecht"**, la France cède à la Grande-Bretagne ses droits sur l'Acadie continentale, (Victimes de la transaction géopolitique, l'Acadie a subit son coup de grâce avec la déportation systématique de leur population acadienne lors du "Grand Dérangement" de (1755 à 1764), la baie d'Hudson et Terre-Neuve. La France établit la colonie de l'Île Royale sur l'île du Cap-Breton, où elle construit la forteresse de Louisbourg. Ensuite arrive le premier conflit planétaire, la "guerre de Sept Ans"...la première guerre mondiale (1756 à 1763).

En Europe, la Grande-Bretagne, la Prusse et le Hanovre combattent la France, l'Autriche, la Suède, la Saxe, la Russie et l'Espagne. En Amérique du Nord, l'Angleterre affronte la France. Une des principales causes est la concurrence de la France et l'Angleterre pour le commerce et les colonies. Sur plusieurs continents, les grandes puissances du XVIIIe siècle regroupées en deux grands ensembles d'alliances. Son issue consacra le dominance britannique des Amériques aux Indes, principalement au détriment de la France. La France a perdu des colonies par manque de volonté politique et parce que batailler contre la Prusse et l'Angleterre en même temps, c'était trop!

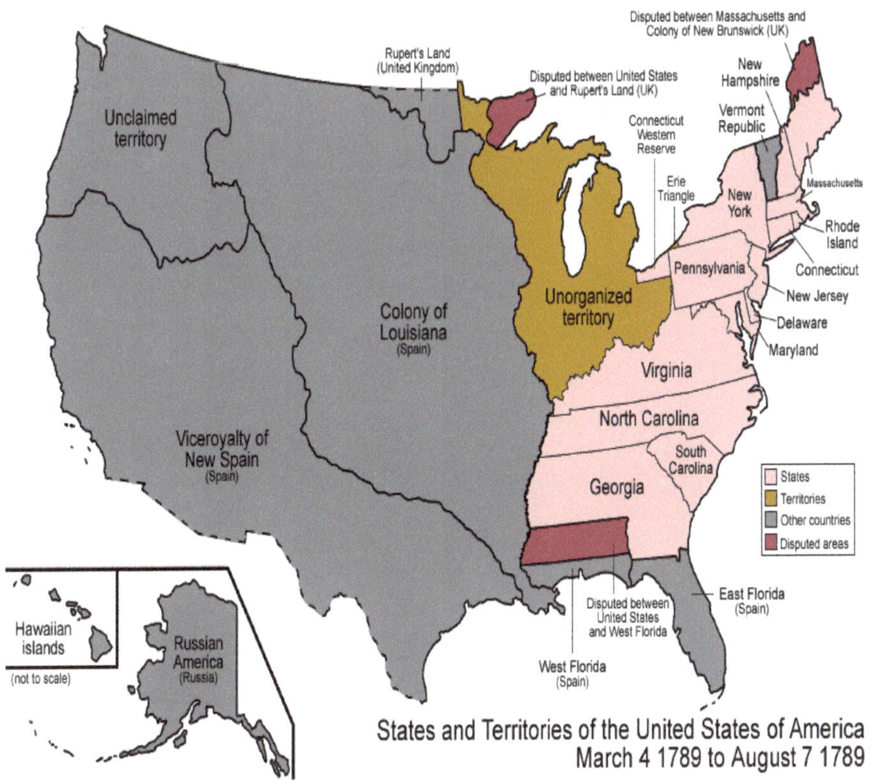

Map taken from Legends of America

La France a cédé le reste de la Nouvelle-France à la Grande-Bretagne et à l'Espagne dans le traité de Paris de 1763 (à l'exception des îles Saint-Pierre et Miquelon). Préférant conserver la Guadeloupe, la France cède à la Grande-Bretagne le Canada et toutes ses prétentions sur les territoires situés à l'est du Mississippi. Le retrait de la France de l'Amérique du Nord modifie radicalement la scène politique européenne sur le continent. Au début, seules les puissances impériales d'Europe disposaient des ressources nécessaires pour soutenir et développer les colonies en Amérique du Nord. Au fil du temps, les colonies sont devenues plus puissantes et ont cherché à s'affranchir de l'Ancien Monde.

3

Ces demandes d'autonomie ont déclenché plusieurs guerres, dont la guerre d'Indépendance américaine (1775-1783). Parmi les hommes d'État Américain de cette époque et de ce lieu figurait Thomas Jefferson; diplomate, avocat, architecte, philosophe, et l'un des pères fondateurs des Etats Unis de l'Amériqe, qui avait longtemps rêvé d'explorer les immenses terres situées au-delà de la frontière coloniale. La région rendu à la France englobait les États actuels du Montana, du Dakota du Nord et du Sud, du Nebraska, de l'Iowa, du Kansas, de l'Oklahoma, du Missouri, de l'Arkansas, de la Louisiane elle-même et de certaines parties du Minnesota, du Wyoming et du Colorado, soit environ 1,6 million de km2.

En 1800, à l'âge de 58 ans, Thomas Jefferson a été élu troisième président des États-Unis. Devenu président en 1801, il commence à envisager sérieusement la possibilité de réaliser ses rêves pour l'expansion de son jeune pays. En même temps, il s'est inquiété des problèmes potentiels avec la France, qu'il connaissait bien pour y avoir été en mission à plusieurs reprises. Inquiète des ambitions de Napoléon en Europe et au-delà, il envoie son secrétaire d'État Monroe en France, pour s'associer à Robert Livingston (ministre résidant à la cour de Napoléon) pour tenter d'acheter une partie du territoire au régime napoléonien, afin d'éviter un éventuel conflit armé.

Jefferson dit à son ami Monroe que *"tous les yeux, tous les espoirs sont maintenant fixés sur vous, car de l'issue de cette mission dépend le destin futur de cette république"*. Monroe et Livingston ont été autorisés à dépenser jusqu'à 10 millions de dollars pour acquérir la Nouvelle-Orléans et tout ou partie de la Floride.

À son arrivée à Paris, Monroe, accompagné de Livingston, ont été rapidement reçu par Talleyrand Perigord (conseillé et Ministre de France). Il se trouve que Napoléon avait déjà pris la décision de vendre le territoire aux États-Unis, afin de protéger d'autres territoires français dans les Caraïbes et de financer ses efforts militaires en Europe. À la grande surprise des Américains, la proposition de Talleyrand consisté à proposer aux Etats Unis d'acheter les territoires...sans qu'ils n'aient jamais à faire leur offre.

Les Américains apprennent que **Napoléon veut 22 millions de dollars...Mais...pour *l'ensemble du térritoire à l'ouest de Mississippi du nord au sud jusqu'au golfe du Méxique!*** Cet immense térritoire de la Louisiane donc la France avait reprit possession à l'Espagne peu de temps avant.

Le Ministre Américain Monroe avait vite compris qu'il fallait saisir l'occassion trop belle (*"An offer you cannot refuse"*)!

Après plusieurs semaines de négociations, les Américains concluent un accord pour l'achat de 15 millions de dollars, ce qui dépasse ce qu'ils ont été autorisés à payer. Il faut plusieurs mois pour que la nouvelle officielle parvienne à Jefferson. De retour à Washington, Monroe se présente au président, qui lui demande brièvement: "***Alors, que s'est-il passé Monroe?***" et le ministre répond: "***Monsieur le président, nous avons doublé la taille de notre pays***".

Le président Thomas Jefferson a fait un magnifique acte de diplomatie étrangère: l'achat à la France du territoire de la Louisiane. **Le 20 octobre 1803**, le Sénat a approuvé pour ratification un traité avec la France par lequel les États-Unis achetaient le territoire de la Louisiane.

Grâce à ce traité, la nation a doublé de taille, ajoutant des territoires qui allaient devenir les États de Louisiane, de l'Arkansas, du Missouri, de l'Iowa, de l'Oklahoma, du Kansas, du Nebraska, du Dakota du Nord, du Dakota du Sud et des parties du Minnesota, du Nouveau-Mexique, du Montana, du Wyoming et du Colorado. Le vote s'est fait par 24 voix contre 7. Après la signature du traité d'achat de la Louisiane, le rêve de Jefferson est devenu réalité, d'explorer les terres nouvellement acquises et le territoire situé au-delà des "Great Rock Mountains" dans l'Ouest. Il choisit le capitaine Meriwether Lewis, son secrétaire privé âgé de 28 ans, pour diriger l'expédition.

Lewis, à son tour, choisit un ancien camarade de l'armée, William Clark, 32 ans, comme co-leader de l'expédition. En raison de retards bureaucratiques dans l'armée américaine, Clark n'avait officiellement que le grade de sous-lieutenant à l'époque. Lewis le cache néanmoins aux hommes et partage la direction de l'expédition, se référant toujours à Clark en tant que "capitaine". Ensemble, ils forment un corps de découverte militaire diversifié qui entreprendra un voyage de deux ans vers le grand océan. Leur mission: **Trouver un passage vers la côte pacifique pour les futurs émigrants qui peupleront ces nouvelles régions des États-Unis.** Jefferson ordonne immédiatement le financement et le lancement d'une mission baptisée "**Le Corps de Découverte de l'Armée Américaine**" (The United States Army's Corp of Discovery). Le destin de cette expédition va bientôt se mêler à celui d'une adolescente indienne et de son bébé qui va bientôt naître. Par le biais de l'aventure, elle deviendra une figure nationale des États-Unis d'Amérique.

LES PREMICES DE LA CONQUETE DE L'OUEST: "Le Corps de Découverte de l'Armée Américaine"était un groupe de voyageurs militaires pacifique. L'automne de 1804, à la demande du Président Thomas Jefferson et l'aval du Congrés Américain, furent chargé d'une mission – de trouver un passage pour permettre d'accéder à la côte du pacifique aux futurs emmigrants, qui peupleront ces nouvelles régions des USA. Cette extraordinaire entreprise, partant avec une quarantaine d'hommes, parcourreront avec succés, aller et retour 12000 kms durant 18 mois. Le groupe, entame son voyage historique **le 14 mai, 1804,** à bord d'un quillard de 55 pieds, pour entamer la remontée du fleuve Missouri vers l'ouest. Parmi les 41 hommes d'équipage composés de volontaires, de soldats et d'un esclave afro-américain, se trouve Patrick Gass, un charpentier de Pennsylvanie.

"Gass écrit dans son journal les dangers qui l'attendent, notamment "des nations guerrières composées de sauvages à la stature gigantesque" et des chaînes de montagnes infranchissables. Le caractère déterminé et résolu du corps et la confiance qui régnait dans tous les rangs dissipèrent toute émotion de peur et d'anxiété pour le présent", écrit Gass, "et semblèrent nous assurer un large soutien dans nos futurs labeurs, souffrances et dangers".

Pendant le long et chaud été, ils se dirigent avec diligence vers l'ouest sur la rivière Missouri, dépassant bientôt Le Rochette, la dernière colonie blanche sur la rivière Missouri. Ils poursuivirent leur route en passant par ce qui est aujourd'hui Kansas City, dans le Missouri, puis en longeant les frontières actuelles du Kansas, du Nebraska et de l'Iowa.

Dans le Dakota du Sud, une bande de Sioux Teton tente de retenir leurs bateaux, mais lorsque les explorateurs montrent la supériorité de leurs armes, ils sont autorisés à poursuivre leur route. Après 164 jours et 1510 miles parcourus, ils arrivent **le 25 octobre 1804** où ils établiront leurs quartiers d'hiver. près de l'actuel Washburn, dans le Dakota du Nord, parmi les Indiens Mandans.

Sur la rive nord du fleuve Missouri, **Le 03 novembre 1804**, ils commencent la construction de leur fort, en rondins appelé Fort Mandan en l'honneur des Indiens locaux. Les explorateurs passent l'hiver à chasser, à obtenir des informations sur la route à suivre et à fabriquer des outils qu'ils échangeront plus tard contre des fournitures.”

Extrait du journal du capitaine Clark, 4 novembre 1804: "*Un Canadien français, Toussaint Charbonneau, nous rend visite. Charbonneau parle la langue des “Big Belley” [Gros Ventres]. Il souhaitait être embauché et nous a informé que ses deux “squaws” étaient des Indiennes “Snake” [Shoshone], la plus jeune (Sagajawea) étant très certainement en fin de grossesse. Nous l'avons engagé avec sa plus jeune femme, à nous accompagner pour interpréter la langue des “Snake ".* La traduction se fera par Sacajawea au peuple Shoshoni, puis de Shoshoni à Hidatsa pour Charbonneau, qui traduit ensuite en français vers Labiche membre du corps d'armée, qui traduit enfin en anglais pour les capitaines.

Sacajawea est née vers 1788, dans un campement Shoshone en Idaho. Elle fut capturée par les Hidatsa à l'âge de douze ans près des Trois Fourches du fleuve Missouri, dans le nord Dakota et a vécu dans une tribu Mangan, près de Missouri. Elle fut acquise comme épouse par Toussaint Charbonneau, un coureur-des-bois canadien-français, de trente ans son aîné.

Notre connaissance de Sacajawea s'appuie sur les différentes témoignages des membres de l'expédition, ainsi que sur les journaux personnels des capitaines Lewis et Clark. Mais aussi sur les travaux d'historiens tels que Jay Buckley, qui s'appuient sur les documents de l'expédition. J.Buckley écrit:"Sacajawea a aidé de plusieurs façons", explique Jay Buckley, professeur d'histoire à l'université Brigham Young et auteur de plusieurs ouvrages sur l'exploration de l'Ouest. Lewis et Clark engagèrent le couple comme interprètes à Fort Mandan, leur quartier d'hiver." La patrie tribale de Sacajawea se trouve dans les montagnes Rocheuses, loin à l'ouest, et elle parle les dialectes shoshone et minitari."

Extrait du journal du capitaine Lewis 11 février 1805: *"Vers 17h, Sacajawea donne naissance à son premier enfant, un beau garçon. Ce fut un travail fastidieux, marqué par de violentes douleurs. René Jessaume, un commerçant libre vivant avec les Mandans, a*

assisté et explique à Lewis qu'une petite quantité du râle d'un serpent à sonnette accélère la naissance. Lewis possède un tel hochet, qu'il le donne à Jessaume qui en casse deux anneaux, les broie, les mélange à de l'eau et donne le breuvage à Sacajawea. Dix minutes plus tard, elle donne naissance à Jean-Baptiste Charbonneau. Lewis n'est pas sûr que le hochet ait vraiment contribué à l'accouchement, mais il pense que ce remède mérite d'être étudié plus en détail."

Le petit garçon de Sacajawea s'appelle Jean-Baptiste, mais Clark le surnommera bientôt "mon garçon Pomp". Deux mois seulement après la naissance, l'expédition, mère et bébé compris, se met en route pour un voyage providentiel, de plus de 12 000 km aller-retour, à la recherche du chemin vers le Pacifique, dont rêvait Thomas Jefferson.

Lewis & Clark considerent que la présence d'une mère et de son enfant faciliterait leurs contacts avec des Indiens potentiellement menaçants, de nos intentions amicales...et ils avaient parfaitement raison. Le dossier confirme également sa contribution symbolique pour l'expédition. Une chose est certaine, alors, Sacajawea, une jeune mère indienne et son petit garçon, dans un voyage difficile à travers le continent jusqu'à l'océan Pacifique et retour, en soi, c'est un accomplissement suffisant pour lui assurer une place dans l'histoire. Ils ont fait un voyage vers l'ouest, passé les montagnes Rocheuses pour atteindre le Pacifique, puis revenir. En cours de route, Sacajawea se révèle encore plus utile qu'ils ne le pensaient au départ, car elle joue le rôle de pacificatrice et négocie l'obtention de chevaux et de fournitures. Au fur et à mesure qu'ils progressent, ils considéreront Sacajawea comme bien plus essentiel à l'expédition que Charbonneau. Charbonneau devient même une menace pour l'expédition en raison de son manque d'habileté à deux reprises dans le pilotage de la perrogue principale, et sa peur de l'eau

Le 07 avril 1805, "l'expédition quitte Fort Mandan et poursuit sa route fluviale avec six canoës et deux grandes pirogues, laissant le Keel boat pour retourner à Saint Louis. Deux jours après le départ du corps d'armée de Fort Mandan, Lewis écrit dans son journal que *"Sacajawea s'est occupée à chercher des artichauts sauvages en pénétrant dans la terre avec un bâton pointu... son travail s'est rapidement avéré fructueux et elle a obtenu une bonne quantité de ces racines"*.

 "Au cours des quatre premiers jours, ils parcourent 100 miles, où ils verront leur premier grizzly et d'autres gros gibiers. Le 15 avril, ils entrent en territoire inconnu.

Ils sont maintenant 31 hommes (y compris l'esclave "York" du capitaine Clark), 1 femme et son fils de 2 mois. Les Charbonneau se couchent avec les Captaines pour éviter tout problème avec Sacajawea. **Note Clark dans son journal:** *"Une femme au millieu d'un trentaine d'hommes est un gage de paix."* L'expédition continue de remonter la rivière Missouri et de pénétrer dans le territoire du Montana, mais à l'approche des montagnes Rocheuses, le débit de la rivière Missouri commence à diminuer.

25 avril 1805 Clark assume l'entière responsabilité de la navigation fluviale. Ils campent sur la rivière Yellowstone, alors que des vents violents commencent à converger vers eux. Un éclaireur est chargé d'explorer la rivière Yellowstone aussi loin que possible, tandis que les Charbonneau et le capitaine Clark partent à pied.

Clark observe à quel point Sacajawea est douée pour discerner et collecter des éléments végétaux pour la nourriture et la médecine. Il s'avère que la rivière Yellowstone semble navigable jusqu'aux montagnes, au moins pour les canoës, mais Clark respecte la directive du président Jefferson de poursuivre la rivière Missourri. Cela coûtera finalement à l'expédition deux bons mois de voyage supplémentaires. Ils ont persisté à penser que le Missouri serait relié à un autre grand fleuve menant au Pacifique, mais l'expédition a découvert qu'une telle connexion n'existait pas.

Jefferson avait aussi chargé le Corps de la diplomatie indienne, qui consistait principalement à annoncer l'achat de la Louisiane et à remettre aux chefs de tribus des médailles de la paix et des drapeaux américains. Mais Lewis et Clark ont souvent recours à la traduction dans les trois sens ou au langage des signes pour converser avec des chefs qui ont souvent leur propre programme politique.

"Un jour, les Sioux Teton prennent les explorateurs pour des marchands et n'apprécient pas l'idée que les Américains vendent des armes à des tribus rivales en amont de la rivière Missouri". Un jeune chef sioux teton, tentant de s'immiscer dans l'affrontement, feint l'ivresse et tombe sur Clark, qui tire imprudemment son épée. En un instant, les soldats de Clark sortent leurs fusils et les braves Tetons tirent leurs arcs et leurs flèches. Après avoir échangé des menaces et des vantardises par l'intermédiaire d'interprètes nerveux – à un moment donné, le chef aîné Black Buffalo rompt la tension et appelle à la paix. Après trois jours d'agitation au village sioux de Teton, la remontée du fleuve est autorisée."

14 mai 1805: Les excursions sur terre sont devenues plus précaires en raison du nombre de grizzlis, en plus des bisons et des carcajous qui ont été dérangés par les explorateurs.

À l'exception des capitaines Lewis et Clark, qui se sont promenés sur le rivage pour se concerter en privé, tous les autres, à bord de pirogues et de canoës, ont continué à descendre la rivière. Cependant, à l'approche du soir, alors que Lewis et Clark se promènent au bord de la rivière et que le vent se lève, ils voient Charbonneau paniquer et abandonner le gouvernail. Les voiles ne sont pas tourné au vent comme il se doit. Cela entraîne le chavirement partiel de leur pirogue principale, sur laquelle se trouvent les éléments les plus essentiels ainsi que Sacajawea, son bébé et les hommes de l'équipage. Sans l'initiative du soldat Pierre Cruzatte, qui s'empare immédiatement du gouvernail en menaçant de tirer sur Charbonneau s'il ne reprenait pas son sang-froid et ne commençait pas à évacuer l'eau, alors qu'il tentait de ramener l'embarcation sur le rivage, cela aurait été un désastre. Pendant la lutte pour la vie et la mort, et l'incapacité de Charbonneau à fonctionner, Sacajawea, avec son bébé sur le dos, reste à l'arrière du navire en train de couler, évitant autant que possible de se perdre dans la rivière d'éléments d'importance. Sa vie et celle de son fils étant menacées, elle garde son sang-froid et sauve la plupart des précieux paquets pour l'expédition.

(représentation artiste à partir de Britannica)

16 mai 1805: Notes du journal du capitaine Lewis: "Sacajawea a fait preuve d'une force d'âme et d'une résolution égales à celles de n'importe quel homme à bord de l'embarcation en détresse".

20 mai 1805: Six jours seulement après l'événement critique, ils tombent sur un beau ruisseau d'une cinquantaine de mètres de large. Témoignant de leur profond respect pour Sacajawea, ils nomment ce cours d'eau " **La Rivière de Sacajawea ou de la Femme Oiseau**

29 mai 1805: L'expédition tombe sur un grand village indien abandonné, où des mocassins sont trouvés et montrés à Sacajawea. Elle déclare qu'ils n'ont pas été fabriqués par son peuple. Elle pense qu'ils ont peut-être été fabriqués par une tribu vivant au nord de la rivière et à l'est des montagnes, Les Corbeaux ou Blackfoot. (Crows or Blackfoot)

10 juin 1805: Peu de temps après avoir quitté le village abandonné, Sacajawea et le capitaine Lewis tombent tous deux malades. Le capitaine Lewis se rétablit relativement vite et peut partir explorer les régions boisées, où il échappe aux attaques d'un grizzli et de bisons. Mais de retour au camp, il trouve Sacajawea dans un état bien pire. Son état continue de se dégrader et les capitaines s'inquiètent sérieusement pour sa vie et celle du bébé.

Le 16 juin elle semble proche de la mort et Charbonneau demande la permission de partir avec elle. Par contre, Lewis et Clark pensent que sa seule chance de survie est de rester avec eux. Alors qu'ils observent l'aggravation de son état, Lewis se souvient d'avoir vu une source d'eau chaude et se rappelle qu'en Virginie, l'eau de cette source était utilisée comme médicament. Son pouls est faible et irrégulier, mais lorsqu'on lui administre des doses régulières d'eau sulfureuse, son pouls redevient normal et sa douleur s'atténue. **Le 17 tiré de son journal:** "son état continue de s'améliorer à mesure qu'elle boit de l'eau sulfureuse. **Le 18,** elle peut marcher sur le rivage et n'a plus de fièvre. Le capitaine Lewis décide de la faire continuer à boire l'eau et ajoute quinze gouttes d'acide sulfurique à son traitement quotidien.

20 juin 1805: "Pendant les jours de maladie et de convalescence de Sagajawea, les membres de l'expédition travaillent furieusement à la fabrication de leurs besoins pour le portage qu'ils prévoient d'entamer. Les emballages de poudre à canon sont améliorés, des essieux sont façonnés et des roues rudimentaires sont fabriquées à partir d'arbres. Le portage sera long et difficile. Les explorateurs chassent et accumulent de la viande de bison en train de sécher. Le capitaine Clark écrit dans son journal son appréhension à l'idée de s'aventurer sur le territoire des Shonshoni. Il reconnaît l'importance pour Sacajawea de reprendre des forces afin de les aider en cas d'affrontement."

22 juin 1805: "Le portage, d'une durée estimée à 25 jours, démarre. Le sol sur lequel ils se déplacent est dur pour leurs pieds car les sabots des bisons l'ont durci. Un jour, cependant, le vent est suffisant pour permettre de lever les voiles des navires terrestres, ce qui allège considérablement l'effort de la force humaine. Les hommes deviennent un groupe soudé qui avance vers un but commun."

29 juin 1805: "Clark décide de retourner, avec les Charbonneau et York, au camp de la rivière pour récupérer des notes qu'il a peut-être perdues. Une forte pluie s'abat sur eux. Le sol est trop mouillé et glissant pour marcher sur l'artisanat."

"Craignant l'augmentation du vent, de la pluie et de la grêle, Clark conduit les Charbonneaus dans un profond ravin où ils s'abritent sous des corniches rocheuses en surplomb, semblant assez sûrs pour décharger leurs fardeaux et attendre les conditions orageuses, tandis que York s'aventure à chasser de la viande. Cependant, la pluie se transforme en averse torrentielle, remplissant le ravin. Sans crier gare, l'eau en furie atteint le groupe. Ils se retrouvent bientôt dans l'eau jusqu'à la taille." Sacajawea commence à escalader la pente, avec Clark derrière elle, lui apportant son soutien si nécessaire. Étonnamment, Clark réalise qu'elle grimpe avec son bébé de 4 mois sous un bras, et que Charbonneau, qui a échappé au danger avant les autres, la tire vers le haut par sa main libre. Mais encore, dans un nouveau moment de panique, dû à sa peur de l'eau, Charbonneau se fige. Clark pousse par derrière et Sacajawea s'accroche à l'achat du dernier point de sécurité impératif."

"Essoufflés, mais libérés d'un danger immédiat, ils vérifient leurs biens perdus, et Clark voit que Sacajawea a perdu la planche du berceau, et tous les vêtements de Jean-Baptiste! Elle devait être en train de le changer ou de l'allaiter dans ses bras lorsque la crue soudaine les a surpris. Sacajawea s'est immédiatement mise au travail pour s'occuper de son bébé et de son besoin de vêtements chauds."

En retournant au campement et en retrouvant York, le groupe est intact et **Lewis & Clark célèbrent le 29e anniversaire de leur pays le 4 juillet 1805.** Les hommes préparent un bon repas, et il y a du whisky et de la musique de violon pour remonter le moral de tout le monde. Une fois de plus, Sacajawea ne fait qu'un avec l'expédition. **Le 15 juillet 1805:** L'expédition est à nouveau en route sur la rivière Missourri. Seuls 25 milles ont été parcourus au cours du dernier mois.

"Il est maintenant crucial d'atteindre les montagnes et les Indiens qui possèdent des chevaux, indispensables pour continuer jusqu'à l'océan Pacifique. Ils ne cessent de voir des signes de camps indiens... mais pas de personnes. Le capitaine Clark prend trois hommes et part en éclaireur dans l'espoir d'entrer en contact avec les Shonshonis. Ils comptent sur Sacajawea pour interpréter les signes laissés dans les campements abandonnés. **19 juillet 1805:** Clark sait qu'il a été vu par des Indiens à une certaine distance devant lui. Les Indiens mettent le feu à la prairie. Il décide de retourner au camp de l'expédition. Sacajawea explique que le feu a été allumé pour avertir leurs familles du danger potentiel que représentent les intrus.

(image de Société Historique du Wisconsin)

22-24 juillet 1805: "Juste au nord de Helena Montana, l'expédition traverse un canyon étroit. Il fait 80° F, le plus chaud jusqu'à présent. Sacajawea reconnaît des points de repère. Sur ce segment du voyage, sa présence s'avère inestimable. Elle assure aux capitaines qu'ils voyagent désormais sur les terres du peuple Lemhi Soshoni. Sagajawea rassure Lewis en lui disant qu'il n'y a pas de grandes chutes d'eau ou d'autres obstacles infranchissables devant eux." Lewis, stupéfait par les gigantesques montagnes Rocheuses, dont les dimensions qu'il n'avait jamais imaginées, entourent désormais son petit corps de découverte.

28 July 1805: Extrait du journal du capitaine Lewis:
"L'expédition quitte les sources de la rivière Misouri, arrive à une convergence de trois fourches et suit une rivière qui vient du sud-ouest. Ils nomment cette rivière "Jefferson River" en l'honneur de leur président. La rivière du milieu est baptisée "Madison Riveré", en l'honneur du secrétaire d'État James Madison, et la troisième branche en forme de ruisseau est baptisée "Gallatin River", en l'honneur du secrétaire au Trésor Albert Gallatin."

Sacajawea les informe qu'ils ont atteint l'endroit exact où, il y a cinq ans, à l'âge de onze ans, elle a été capturée par les guerriers Minnetare. Elle leur indique le plus haut sommet de la chaîne de montagnes Bridger, symboliquement rebaptisé aujourd'hui "Sagajawea Peak". "Lewis déclare que Sacajawea ne montre, curieusement, aucune émotion... n'exprime aucune joie à l'idée de retrouver sa terre natale. Son opinion est qu'elle semble être satisfaite où qu'elle se trouve, si elle a assez à manger et quelques babioles." Il semble condescendant dans son interprétation, ce qui, à mon avis, est une incompréhension évidente de la profondeur de la résolution enracinée dans ces peuples indigènes.

 Le 08 août 1805: Lewis écrit dans son journal: "*Sacajawea a reconnu la pointe d'une haute plaine sur notre droite qui, selon elle, n'était pas très éloignée de la retraite estivale de sa nation sur une rivière au-delà des montagnes. Elle nous dit que sa nation appelle cette colline "tête de castor" en raison d'une ressemblance apparente. Elle nous assure que nous trouverons son peuple sur cette rivière ou sur la rivière immédiatement à l'ouest de sa source... car il est maintenant très important pour nous de rencontrer ce peuple le plus tôt possible.*"
Avant d'être enlevée par les Hidatsa à l'âge de 11 ans, Sacagawea vivait parmi les Shoshones, à la frontière de l'actuel Montana et de l'Idaho. Lewis et Clark pensent que le sort de l'expédition dépend de la possibilité de trouver les Shoshones et de leur acheter des chevaux. C'est le seul moyen pour le corps d'armée d'espérer traverser les montagnes Rocheuses avant l'hiver.   17

Bien que Sacagawea ne "guide" pas l'expédition, ses souvenirs d'enfance fournissent de précieux indices sur le fait qu'ils sont sur la bonne voie."Guidés" par Sacagawea, Lewis & Clark ont poursuivi leur route par voie terrestre, traversant une grande partie du nord de l'Idaho actuel jusqu'à ce qu'ils atteignent les rivières Clearwater et Snake, où ils ont pu à nouveau voyager en bateau.

Il est alors décidé que Lewis et trois hommes partiront à pied, vers l'ouest, jusqu'à ce que l'on appelle aujourd'hui Lemhi Pass, et que les autres continueront à se frayer un chemin avec les canoës sur les rochers et les obstacles de la rivière Beaver, en eaux peu profondes. Après seulement deux jours, **le 11 août,** Lewis aperçoit un cavalier solitaire à cheval qui tourne pour éviter d'interagir avec les hommes qui s'approchent à pied. En avançant, ils sont les premiers hommes à franchir la ligne de partage des eaux et à déployer fièrement le drapeau américain.

Le lendemain, **le 13 août**, les quatre explorateurs sont chaleureusement accueillis par soixante guerriers à cheval, dont le chef Cameahwait. Le guerrier était sorti, dès l'alerte donnée par le premier cavalier à leur approche, s'attendant à rencontrer une armée d'invasion. Heureusement, les Lemhis considèrent que les quatre hommes n'ont rien à voir avec cela. L'un d'entre eux, M. Drewyer, leur spécialiste du langage des signes, tentait alors de convaincre le chef de les accompagner pour retrouver Clark et le reste de leur groupe d'expédition... notamment Sagajawea. Par l'intermédiaire de M. Dewyer, Lewis leur parle continuellement de paix et leur promet des cadeaux, de la nourriture et des choses merveilleuses s'ils aident son expédition. Il leur pose de nombreuses questions sur la rivière Lemhi, sur des rivières plus importantes peut-être plus au nord, sur les passages possibles à travers les montagnes par voie d'eau ou à cheval. Les Lemhi Shoshoni se méfient de la demande de Lewis de les accompagner à l'est jusqu'à leur rendez-vous de la rivière Beaverhead, craignant qu'il ne s'agisse d'un piège."

Finalement, il est convenu qu'un petit contingent d'Indiens accompagnera Lewis et ses hommes à la rencontre du capitaine Clark. On assure à Cameahwait qu'il verra bientôt que le capitaine Clark est accompagné d'une femme, de la nation Lemhi Shoshoni, qui l'aidera à expliquer le but de l'expédition. Mais au lieu de rencontre prévu, Clark, avec son groupe et ses canoës, n'est pas encore arrivé. Les Indiens soupçonner un piège qu'ils redoutaient et se mettent en position d'autodéfense. Lewis réagit rapidement et efficacement en donnant son propre fusil à Cameahwait, par l'intermédiaire de Drewyer, en lui disant de l'utiliser pour l'abattre s'il s'agissait d'une trahison. Cameahwait décida de faire confiance à Lewis et ils campèrent ensemble cette nuit-là, couchés côte à côte. Charbonneau arrive bientôt avec Sacajawea. Des retrouvailles émouvantes ont lieu entre Sacajawea et un autre adolescent du groupe qui l'attend. Ils se reconnaissent immédiatement et courent s'embrasser. Sacajawea explique qu'elles ont été capturées ensemble ce jour fatal, mais que son amie a pu s'échapper et rentrer chez elle. Sacajawea, Charbonneau et Labiche prennent leur place pour interpréter, quand soudain... Sacajawea se lève d'un bond, reconnaissant Cameahwait comme son frère, et se précipite dans ses bras en pleurant. Ils s'embrassent tandis que Sagajawea leur met une couverture sur la tête. Ce n'est qu'un peu plus tard qu'elle est assez calme pour continuer.

(image de"Centre Constitutionnel National des Etats-Unis)

Lewis et Clark reprennent avec succès les négociations avec
Cameahwait, répétant les intentions pacifiques de l'expédition,
et leur besoin de chevaux et d'un guide, pour lesquels ils
fourniront généreusement à sa tribu des fusils pour la chasse, et
des objets de valeur pour chaque cheval dont l'expédition a
besoin. Les besoins sont acceptés par Cameahwait, qui reçoit des
cadeaux pour chaque Indien présent, et un bon repas avec le
groupe de l'expédition.

(Sacajawea montre son fils à son frère. Image Archive National)

Les Shoshoni parlent à Clark d'une rivière qui se dirige vers le
nord et rejoint une rivière plus importante qui vient du sud-
ouest. "La rivière s'écoule ensuite vers le nord et prend bientôt
un virage serré vers l'ouest, là où le soleil se couche." Elle entre
dans un canyon infranchissable par terre ou par eau. Cette
rivière s'appelle aujourd'hui la Salmon River, qui, en raison de
ses rapides sauvages et de son canyon étroit, a été surnommée
"la rivière du non-retour".

Il est décidé que Clark prendra onze hommes et des outils pour construire des canoës et se dirigera vers la vallée de Lemhi à quarante miles à l'ouest. Clark explore le canyon et confirme le rapport des Indiens, envoyant ainsi un message à Lewis pour qu'il ait besoin de plus de chevaux pour un long voyage par voie terrestre. "Lorsque les chevaux sont achetés, Lewis donne à Charbonneau des marchandises pour qu'il achète un cheval pour Sacajawea, ce qui témoigne de la haute estime qu'elle a gagnée à ses yeux."

"Sacajawea et Charbonneau voyageront avec Clark pour organiser le retour d'autres membres de Sacajawea et de chevaux à échanger, afin que Lewis et les autres puissent rejoindre Clark dans la vallée de Lemhi. Ce jour-là, Lewis fête son trente et unième anniversaire. Il passe six jours avec les Indiens, avant de partir vers l'ouest rejoindre Clark.
*Une anecdote: "La coutume Shoshoni veut qu'une jeune fille soit promise en mariage alors qu'elle n'est encore qu'un nourrisson. L'homme qu'elle épousera la paie, généralement avec des chevaux ou des mules. L'homme qui a acheté Sacajawea est présent lorsqu'elle revient avec l'expédition. Deux fois son âge, ayant déjà deux femmes, lorsqu'il voit qu'elle a un enfant avec Charbonneau, il ne s'intéresse plus à elle." Les différents journaux d'expédition font état de nombreuses traditions et coutumes importants des Lemhi Shoshoni, d'intérêt culturel dont les explorateurs rendent compte.

20 août 1805: Un guide négocié sera un Lemhi Shoshoni nommé "Old Toby". Lui et son fils mèneront l'expédition vers le nord et l'accompagneront tout au long de la traversée des montagnes. Charbonneau et Sagajawea franchissent le col avec des chevaux et des cavaliers supplémentaires pour transporter les provisions de l'expédition dans la vallée de la Lemhi. L'expédition reprendra son cours après quelques jours et d'autres visites de Cameahwait. Les explorateurs rencontrent et apprécient le peuple Salish qui leur fournit d'autres chevaux de qualité. Ils se regroupent et se ressourcent à un Travelers Rest situé à 18 miles au sud de l'actuelle Missoula Montana.

"**Le 11 septembre**, ils entament le passage le plus difficile de tout le voyage. conditions météorologiques et les circonstances ont réduit les chances de survie à la consommation de chevaux et de chiens. Arrivés dans la prairie de Weippe **le 20 septembre,** ils rencontrent la tribu des Nez Perce. Old Toby a rempli son contrat et se dirige vers l'est, sans même attendre son salaire. Il a joué un rôle clé dans la réussite du passage."

"**Le 7 octobre 1805:** l'expédition se trouve sur la rivière Clearwater et se dirige en aval vers la rivière Snake et le fleuve Columbia. En chemin, elle rencontre de nombreux Indiens. Les explorateurs continuent de reconnaître l'influence apaisante de Sacajawea sur les différentes tribus. Sans elle, on pense qu'ils auraient dû faire face à de nombreux conflits que sa présence a permis d'éviter. Tout au long du mois suivant, des pluies et des températures très humides et pénibles ont sapé le moral de tous... aucune autre entrée n'a été faite dans les pages du journal jusqu'au 24 novembre. Ils cherchent un site approprié pour passer l'hiver, accessible à la côte. En cas de visite d'un voilier, il serait possible que certains membres du groupe rentrent aux États-Unis par la mer."

Le 7 décembre 1805: Construction de Fort Clatsop, nommé d'après la tribu qui vivait à proximité, commence. **Le jour de Noël, tout le monde est installé dans les bâtiments achevés et se réjouit d'être à l'abri du froid et des tempêtes.**
Les cadeaux de Noël sont échangés par certains. Sacajawea offre au capitaine Clark vingt-quatre queues de belette. Où les a-t-elle trouvées? Ont-elles une signification religieuse? Le cadeau était généreux de la part d'une femme qui ne possédait que très peu de biens de valeur, ce qui témoignait de son profond respect pour Clark et de l'esprit de générosité qui régnait au moment de Noël.

Le 28 décembre 1805, la construction d'un second camp directement sur la côte commence.

Un feu y est entretenu pendant trois mois pour recueillir le précieux sel qui sera utilisé par l'expédition comme article de commerce sur le chemin du retour. La nouvelle année est célébrée avec leur seul liquide... l'eau.

6 janvier 1806 Les canoës sont préparés pour un voyage vers l'océan. Sacajawea est impatiente de partir et demande la permission de se joindre au groupe. Elle a beaucoup voyagé et a grandement contribué à l'expédition, et on lui accorde immédiatement la permission d'y participer. Voir l'océan et la possibilité de pêcher les gros poissons dont elle a entendu parler serait le point culminant de sa vie. À sa grande surprise, le corps d'une baleine bleue géante de plus de cent pieds de long l'attend sur la plage... comme le raconte l'histoire. Sagajawea a abandonné toute idée de pêcher de telles créatures. Trois autres mois s'écoulent sans qu'elle n'écrive son journal. L'hiver n'a connu que huit jours de soleil. De nombreux membres ont été malades et tous s'ennuient désespérément, prêts à rentrer chez eux.

Finalement, **le 23 mars 1806**, ils quittent Fort Clatsop et remontent le courant avec leurs canoës. "La troisième semaine d'avril, ils quittent le fleuve Columbia et poursuivent leur route par voie terrestre jusqu'à la région de Nez Pierce. Les chiens sont achetés et préférés à la viande de cheval. Des chevaux supplémentaires sont achetés. Partout où ils campent, de longues files d'Indiens apparaissent à la recherche de services médicaux."

28 avril 1806: On découvre qu'une femme Shoshoni vit avec les Indiens Walla Walla. (Il est instructif de reconnaître que la capture et la rétention de membres d'autres tribus sont communes à tous les peuples indigènes). Ils atteignent la rivière Snake **le 4 mai 1806**, avant d'être arrêtés pendant un mois en attendant la fonte des neiges. Le camp est établi près de l'actuelle Kamiah Idaho. Une fois de plus, les capitaines deviennent des médecins populaires auprès des Indiens.

Le 11 mai 1806 Ils rencontrent les Indiens Nez Perce qui ont eux aussi un garçon Shoshoni vivant avec eux. Ils passent une demi-journée à s'occuper de la libération du garçon. Le chef Nez Perce explique que son père a été tué au combat. Le chef est impressionné par la sincérité des capitaines et, remercie de la rencontre. Il leur offre une belle jument et son nouveau poulain...Mais l'enfant Shoshoni reste avec eux. La culture indienne doit être respectée...

"La neige tombe encore **le 18 mai 1806,** et même si elle doit s'occuper de Jean Baptiste, âgé de quinze mois, Sacajawea consacre beaucoup de temps à la cueillette de racines et de baies qu'elle stocke pour se nourrir.

22 mai 1806: Extrait du journal de Lewis: Le bébé de Sacajawea est malade. Il perd ses dents, a une forte fièvre et la gorge enflée. Lewis et Clark se sont attachés à Jean-Baptiste et lui accordent une attention immédiate. Pendant six jours, ils lui prodiguent toute l'attention et les médicaments possibles, mais l'état de l'enfant s'aggrave. Ils passent des nuits entières à s'occuper de lui, et il est évident qu'ils se sont attachés à lui. Ils continuent à le traiter avec tout ce qui est possible et finalement, **le 8 juin,** son état commence à s'améliorer rapidement. Les médecins modernes qui lisent leurs rapports diagnostiquent les oreillons ou l'amygdalite, deux maladies qui auraient pu facilement coûter la vie à l'enfant sans les soins qu'il a reçus des capitaines. Pendant la maladie de l'enfant, d'autres sont occupés à préparer le retour par la piste Lolo.

Le 24 juin, après un départ raté à cause de la neige, ils reprennent le chemin du retour. Trois hommes Nez Perce sont engagés comme guides sur Lolo. Grâce à leurs conseils avisés, ils atteignent Travelers Rest dans la Bitterroot Valley en seulement six jours. Sacajawea ajoute à son garde-manger des racines séchées pour le voyage.

01 juillet 1806 Extrait du journal de Lewis: "En quittant Travelers Rest, il est prévu de se séparer en groupes en divers points du territoire à couvrir. **Le 3 juillet**, avant de franchir la ligne de partage des eaux, le corps se sépare en deux équipes afin que Lewis puisse explorer la rivière Marias. Le groupe de Lewis, composé de quatre personnes, rencontre des hommes de la nation Blackfeet. Pendant la nuit, les Blackfeet tentent de voler leurs armes. Au cours de la lutte, les soldats tuent deux hommes de la nation Blackfeet. Lewis, George Drouillard et les frères Field s'enfuient sur plus de 160 kilomètres en une journée avant de camper à nouveau."

Entre-temps, Clark a pénétré dans le territoire de la tribu Crow. Dans la nuit, la moitié des chevaux de Clark ont disparu, mais pas un seul Crow n'a été vu. Lewis et Clark restèrent séparés jusqu'à ce qu'ils atteignent le confluent des rivières Yellowstone et Missouri le **11 août**. Alors que les groupes se réunissent, l'un des chasseurs de Clark, Pierre Cruzatte, prend Lewis pour un élan et tire, blessant Lewis à la cuisse. Une fois réunis, les membres du Corps ont pu rentrer rapidement chez eux en empruntant le fleuve Missouri. **Ils atteignent Saint-Louis le 23 septembre 1806.**

Lewis et Clark ont constamment collecté des échantillons de plantes, d'animaux et d'oiseaux tout au long du voyage, tout en documentant les rencontres avec les nombreux Indiens qu'ils ont croisés en chemin. Leurs observations détaillées du climat, du paysage, des communautés végétales et des populations humaines et animales au cours de leur périple de 8 000 miles aller-retour ont été précieuses pour une nation en pleine expansion. Bien que l'expédition n'ait pas réussi à trouver le passage du Nord-Ouest, elle a permis d'améliorer considérablement la connaissance du territoire nouvellement acquis par la nation et a ouvert la voie à la colonisation vers l'ouest.

Après la fin de l'expédition, **Lewis est nommé gouverneur du territoire de la Louisiane en 1807.** Sa carrière commence bien, mais deux ans plus tard, une controverse concernant les finances du gouvernement éclate et Lewis envisage de se rendre à Washington, D.C., pour résoudre le différend. **Le 11 octobre 1809**, alors qu'il traverse le Tennessee, le gouverneur Meriwether Lewis meurt mystérieusement des suites de blessures par balles infligées à Grinder's Stand, un relais routier public. On ignore s'il a été assassiné ou s'il s'est suicidé. Sa tombe repose à l'endroit où il est mort, sur l'actuelle Natchez Trace National Parkway, près de Hohenwald, dans le Tennessee."

Pour sa part, Sacajawea, pendant 28 mois, a parcouru plus de 12 000 km avec le bébé sur son dos. Sa présence était fondamentale pour le succès de l'expédition, agissant comme une interprète, une connaisseuse des "trails" (chemins) et en raison de son apparence aimable avec un bébé qui la rendait amicale au contact de tribus que les hommes blancs n'avaient jamais vues. Sacajawea est revenue dans son village Mangan. Elle a eu un second enfant, une fille du nom de Lisette. Que 4 mois après la naissance de sa fille, **en 1812, Sagajawea meurt** de problèmes de santé invérifiables. Mais elle ne devait pas être oubliée et, alors que "l'expédition du corps de découverte de l'armée" de Lewis & Clark entrait dans l'histoire américaine, Sagajawea retrouvait sa place légitime de femme et d'héroïne amérindienne reconnue et honorée également.

Entre-temps, "**Clark a été nommé brigadier général du territoire en mars 1807.** Comme promis aux Charbonneaus, il élevé et éduqué le petit Jean Baptiste (1805 – 1866) comme l'un des siens. Lorsque Sacajawea mourut peu après avoir donné naissance à sa fille Lizette Charbonneau (1812 – 1832), Clark adopta Lisette aussi et l'éleva comme sa propre fille." Peu de choses sont vérifiables après concernant la vie adult de Lizette. Elle est décédée à l'âge de vingt ans. Elle a vraisemblablement vécu une vie sans histoire, mais confortable, offerte par Clark.

Par contra son frère, Jean-Baptiste va vivre une vie pleine et colorée après avoir quitté la charge de Clark au début des années 1820. Jeune homme, il passe plusieurs années en Allemagne au service du prince Paul de Württemberg. Il retourne dans la région du Missouri à la fin des années 1820, où il travaille comme trappeur et guide. Dc 1846 à 1847, il guide le bataillon mormon du Nouveau-Mexique à la Californie. Il reste en Californie pendant près de vingt ans, exerçant la fonction de magistrat de mission, prospectant l'or et s'installant finalement dans le comté de Placer. En route pour les champs aurifères du Montana en mai 1866 lorsqu'il tomba malade il mourut près de la rivière Owyhee, dans l'est de l'Oregon. Sa tombe, située dans la vallée de Jordan, est l'un des rares liens matériels directs de l'Oregon avec le Corps de la Découverte.

"En 1813, Clark est nommé gouverneur du Territoire du Missouri, poste qu'il occupe jusqu'à la création de l'État du Missouri en 1820. **En 1822,** il est nommé surintendant des affaires indiennes par le quatrième président des Etats Unis James Monroe. Il est reconduit à ce poste par chacun des présidents suivants et occupe cette fonction jusqu'à la fin de sa vie. **Le général William Clark meurt de causes naturelles à Saint-Louis le 1er septembre 1838** et est enterré dans la concession de la famille Clark au cimetière de Bellefontaine à Saint-Louis, dans le Missouri.

Aujourd'hui, la piste historique nationale Lewis et Clark peut toujours être suivie le long des rivières Missouri et Columbia. Bien que beaucoup de choses aient changé au cours des siècles passés, de nombreux tronçons de la piste sont restés intacts. Avec ses 3 700 miles, la Lewis & Clark National Historic Trail est la deuxième plus longue des 23 National Scenic and National Historic Trails. Elle commence à Hartford, dans l'Illinois, et traverse le Missouri, le Kansas, l'Iowa, le Nebraska, le Dakota du Sud, le Dakota du Nord, le Montana, l'Idaho, l'Oregon et l'État de Washington."

Remerciements & Sources de Contenu Public Des Textes et Images

"Journal de l'expédition Lewis & Clark en ligne"

"Centre Constitutionnel National des Etats-Unis"

"Britannica Encyclopédie"

"Encyclopédie libre Wikipédia en ligne"

"Archives Nationales"

"Société Historique du Wisconsin en ligne"

&

Reconnaissance spéciale de l'inspiration tirée de "The Truth about *SACAJAWEA*" de Kenneth Thomasma, pour faire connaître l'histoire de Sacajawea à la population francophone, en soulignant l'histoire et les destins communs des Etats-Unis et de la France...